OSEZ la COULEUR

CARDBOARD
PUFFIN
CUTOUT

OSEZ la COULEUR

des idées pleines d'inspiration
pour inviter les couleurs chez soi

GERALDINE JAMES

massin

Titre original : A Pop of Colour

Adaptation française : Nord Compo
Traduction : Laurent Jouet
Direction d'édition : Thierry Lamarre

Éditions Massin
Publiées par Société d'Information et de Créations – SIC
Une société de Marie Claire Album
10 boulevard des Frères-Voisin – 92792 Issy-les-Moulineaux Cedex 9 – France
Tél. 01 41 46 88 88
RCS Nanterre 302 114 509
SARL au capital de 822 000 euros

ISBN : 978-2-7072-1288-7
N° Éditeur : 38369
Imprimé en Chine
Dépôt légal : mai 2022

www.sotrendoo.com

SOMMAIRE

INTRODUCTION

Pour préparer ce livre, j'ai eu la chance d'avoir à ma disposition une mine d'images époustouflantes signées par une foule de photographes et de créateurs de grand talent. Je m'en suis servie pour montrer comment dans n'importe quelle pièce on peut mettre une touche de couleur facilement, sans dépenser une fortune, et obtenir un effet élégant. J'espère que ce livre donnera de l'inspiration à quiconque s'est un jour retrouvé au milieu d'un magasin de peintures déconcerté devant le nombre de teintes disponibles en se disant : « *Au secours* – par où je commence ? »

La dernière décennie a fait la part belle à une palette de gris, qui n'a fait que s'assombrir, allant du gris foncé jusqu'au charbon et presque noir, pour s'étendre ensuite à d'autres couleurs sombres comme le bleu marine et le vert forêt. Mais le choix d'une couleur est éminemment personnel : si un intérieur clair, ensoleillé et aéré vous donne le sourire, ne soyez pas esclave de la mode, laissez aux autres la chambre gris foncé avec ses touches fluo.

Alors, où trouver des idées pour les couleurs ? Les sources d'inspiration ne manquent pas : les plantes, l'art, un vêtement, Instagram. Je le raconte dans le chapitre Touches de contraste, c'est une huile sur toile qui a fait germer l'idée du vert et du turquoise partout pour ma cuisine. Le tout assorti, ce n'est pas mon genre, mais la couleur met de la cohérence dans un ensemble. Pour commencer, j'aborde les touches de couleur contrastées. Pour les effets les plus marqués, âmes sensibles s'abstenir, mais des associations plus subtiles peuvent être tout aussi efficaces.

Ensuite, dans le deuxième chapitre, Touches ton sur ton, je montre comment, en déclinant les nuances d'une même teinte, on peut créer un ensemble chromatique harmonieux.
Les maximalistes trouveront leur bonheur dans De toutes les couleurs, une invitation à puiser joyeusement dans la palette de l'arc-en-ciel. Couleurs textiles s'intéresse à l'utilisation du tissu pour intégrer des couleurs, et Couleurs vivantes se consacre au choix de fleurs ou de plantes d'intérieur pour mettre de la vie dans vos pièces.

Mais d'abord, voici mes dix méthodes infaillibles pour faire entrer la couleur, son exubérance, sa gaieté, dans votre maison :

1 Mettez des œuvres d'art. Les plus grandes possibles, audacieuses, colorées, qui embellissent la vie.
2 Renouvelez coussins, plaids et autres jetés pour mettre de la nouveauté.
3 Faites entrer les couleurs de la nature le plus possible. Fleurs et plantes sont les richesses qu'elle apporte à votre intérieur au gré des saisons.
4 Refaites la décoration avec un tapis. Prenez le plus grand qui puisse tenir dans la pièce, d'une couleur éclatante et *punchy*.
5 Repeignez un mur. Pour essayer une couleur, couvrez-en une bande de tapisserie et collez celle-ci au mur à l'aide d'un adhésif. Donnez-vous une semaine environ pour vous décider.
6 Vous n'arrivez pas à arrêter votre choix sur une couleur ? Cherchez des tapisseries, coussins, dessus-de-lit et autres jetés multicolores.
7 Repeignez une chaise ou un tabouret. On en trouve à prix modique dans les boutiques solidaires, dépôts-vente, sites de vente en ligne, et aux puces. Donnez-leur une seconde jeunesse en utilisant vos vieux échantillons et autres bombes de peinture.
8 Ne négligez pas les abat-jour ou les lampes. Ils sont non seulement source de lumière mais aussi de couleur.
9 Collectionnez les objets en verre ou en céramique colorés. Pour un impact maximal, choisissez une couleur et tenez-vous-y.
10 Mettez un miroir - encore une fois, le plus grand possible - pour diffuser vos magnifiques couleurs et lumière partout dans votre intérieur.

ACADEMIA

TOUCHES de CONTRASTE

1

Les touches de couleur contrastées font la différence et sont faciles à mettre en œuvre dans n'importe quel intérieur.

(D)ÉTONNANT

Mes amis me demandent souvent des conseils sur la meilleure manière de mettre de la couleur dans leur intérieur et d'aussi loin que je me souvienne, je suggère toujours de commencer par une simple touche.

Ce qu'il y a de bien, c'est que cela n'exige pas de gros investissement financier ou en temps. Un seul vase en verre d'une belle couleur peut suffire. Mon exploration des touches de couleur a commencé par un tableau aux teintes somptueuses et intenses. À l'époque, ma cuisine était principalement blanche et avait grand besoin de couleur, et comme la couleur dominante de ce tableau était le vert, j'ai vite trouvé un pot vert pour aller avec.

CI-CONTRE : **Voici ce qu'on appelle afficher la couleur : le sofa deux places en cuir bleu cobalt tranche avec les murs pâles et en dit long sur le propriétaire des lieux – sans doute quelqu'un d'aventureux et d'audacieux dans ses choix, qui n'a pas peur d'expérimenter.**

CI-DESSUS : **Derrière la table et les chaises blanches très sobres, des portes coulissantes blanches s'ouvrent pour révéler un couloir d'un bleu profond, une irruption de couleur inattendue dans la froideur de cet espace moderne. Dans cette configuration, une teinte énergique orange ou moutarde fonctionnerait également, ou encore une nuance plus sombre comme le vert forêt ou le gris ardoise.**

Un supplément de couleur permet de donner un aspect ludique et de la personnalité sans nécessairement avoir à dépenser une fortune. Cette grappe de globes de papier bon marché, dont l'un d'une riche couleur turquoise, fait vivre cet intérieur monochrome simple.

EN HAUT À GAUCHE : Dans les intérieurs tout blancs, servez-vous des luminaires comme touches de couleur. Avec sa couleur turquoise très distinctive, cet abat-jour de style Tiffany ajoute non seulement de la couleur mais aussi un grain d'insolite dans une pièce blanche.

EN BAS À GAUCHE : Cette applique style Anglepoise moderne d'un jaune citron éclatant éclaire un lit superposé.

EN HAUT À DROITE : On a fait passer ce long fil jaune primaire qui sert à brancher la lampe par un crochet pour tasse au-dessus de la table de la salle à manger. Une idée simple mais géniale pour mettre de la couleur dans une pièce toute blanche.

EN BAS À DROITE : Pour redynamiser cette lampe de salon rétro en céramique vert foncé, on lui a adjoint un abat-jour turquoise.

À DROITE : Vous pouvez utiliser toutes sortes d'accessoires pour mettre de la couleur – posters, abat-jour, tapis ou coussins. Ici, le bleu profond de ces carafes chinées dans une brocante vient faire jaillir la couleur sur le blanc uni du manteau de cheminée.

TOUT À DROITE : Pour agrémenter la note acidulée de cette simple suspension vert citron, on a choisi une décoration adhésive murale représentant une branche d'où pendent des colifichets colorés.

Très vite, le pot a été rejoint par toute une batterie de vaisselle et de verres bizarroïdes de la même teinte qui font vivre et colorent mon espace. Un seul élément déclencheur suffit – un poster, un abat-jour, un coussin.
C'est sans doute sur un fond blanc uni ou blanc cassé que les touches de contraste ont le plus d'impact, là où, par opposition à la sérénité de l'arrière-plan, une couleur vive va être plus explosive. Cela peut être un moyen immédiat et peu onéreux de donner de la personnalité

À GAUCHE : La cuisine dont vous avez hérité est toute blanche et fade ? Pour lui donner plus de personnalité, carrelez-en une partie en choisissant une céramique colorée. Avec les placards blancs et l'inox, la teinte vert citron est très élégante. Ces tout petits carreaux sont en fait des plaques, faciles et rapides à poser.

CI-CONTRE : La répétition d'une couleur est un bon moyen de créer une apparence sophistiquée à partir d'éléments disparates. Dans cette cuisine blanche, la couleur turquoise est présente mais utilisée parcimonieusement sur les placards, les coussins des chaises et même sur les cadres accrochés au mur.

À GAUCHE : **Le choix de ce vert forêt profond s'explique facilement par la touche de couleur apportée à cet appartement dans un entrepôt reconverti – elle donne de la profondeur et du contraste à un intérieur principalement neutre, et fait entrer la végétation verdoyante que l'on voit par la fenêtre.**

À GAUCHE : Un moyen fantastique de mettre de la couleur chez vous : le tapis d'escalier. Le rouge vif circonscrit aux seules marches dessine une bande de couleur attrayante dans ce décor aux teintes neutres et froides. Bien sûr, la moquette représente un investissement conséquent, mais si on se limite à un endroit comme ici, elle peut complètement transformer un espace.

DESSOUS À GAUCHE : Un résumé parfait du concept de touche de couleur. Mise à l'honneur au milieu d'un mur gris aux tons chauds, une coiffe traditionnelle camerounaise *juju* en plume à la teinte écarlate éclatante introduit un élément visuel et textural étonnant.

CI-CONTRE : Ce couloir impeccable avec son papier peint à motif géométrique inspiré par David Hicks est à la fois classique et chic, mais c'est la pointe de rouge vif des deux petites chaises qui lui fait prendre vie. Du jaune fluo ou du vert gazon iraient tout aussi bien.

à un appartement loué où vous n'avez pas la possibilité de repeindre les murs, et de surprendre. On peut insuffler énergie et dynamisme à une pièce uniformément blanche avec un élément de couleur pêchue. Et quand le coussin rouge pompier ou l'abat-jour orange rétro vous sort par les yeux, vous pouvez le remplacer par quelque chose de nouveau qui vous plaît, du turquoise, du rose ou du vert citron.

Évidemment, le principe fonctionne aussi bien avec des fonds plus sombres ou en demi-teintes. Le fluo jaillit sur un fond gris foncé ou bleu marine, tout comme le jaune vif. Si sauter le pas ne vous fait pas peur,

Spanish
India
Spain
EASY READ FRANCE 2011

YEAH
BABY
THAT'S
GOOD

investissez dans un pot de peinture brillante et attaquez-vous à votre manteau de cheminée ou à votre porte de derrière. Vous choisirez la couleur en fonction d'une tendance que vous aurez repérée dans un magazine ou d'une teinte déjà présente quelque part chez vous. Pour finir, si vous êtes du genre à pousser les concepts jusqu'au bout, expérimentez avec des contrastes équivalents en mettant la couleur de votre choix sur un fond de même intensité.

CI-CONTRE : Le fluo électrise les intérieurs et apporte un côté ludique. Il donne le meilleur de lui-même sur des fonds sombres comme on le voit ici. Point trop n'en faut : ici, le lettrage rose *lipstick* de l'affiche et le flamant rose sorti de nulle part suffisent à transformer ce sage intérieur en quelque chose de décalé et rock'n'roll.

CI-DESSUS : Ici encore, le calme d'un fond gris chaud est troublé par un traitement pour le moins fantaisiste avec une rangée de poupées russes, des pinces à linge roses et d'autres éléments rose fluo.

À DROITE : Le rose fluo fait aussi son petit effet sur un fond blanc. Cette chambre à coucher reposante est transformée par un élément de décoration insolite : dans un encadrement aux dorures élaborées, une robe de bal au rose passé est exposée sur un arrière-plan rose fluo. Pas besoin d'autre touche de couleur ! C'est le genre de création décalée que j'adore. Pour redécorer la chambre de ma filleule, j'ai utilisé des encadrements de poupées et d'autres objets précieux.

Si vous devez introduire un seul élément coloré dans un ensemble, le plus judicieux est d'opter pour quelque chose d'insolite ou d'inhabituel : l'impact n'en sera que plus grand.
Avec ses pieds qui ressemblent à des branches, ce tabouret rouge brillant intrigue et met de la couleur.

CI-CONTRE : Sur le bleu outremer du mur, l'orange éclatant d'un long traversin fait surgir un contraste fort et sophistiqué. L'orange est une teinte gaie qui était très appréciée dans les années cinquante et soixante. En guise de tête de lit, des moulures en plâtre apportent du relief à cette spectaculaire association de couleurs.

À GAUCHE : Quelle autre couleur que le jaune – la couleur du soleil radieux – pour mettre de bonne humeur ? Si l'on n'y prend garde, il peut devenir trop présent, mais à petite dose, il met de la joie partout. Ici, une grande chaise à dossier à barreaux se détache à côté du piano sombre. Deux autres petites explosions de jaune équilibrent le tout.

DESSOUS À GAUCHE : Le choix du jaune convient parfaitement à cet espace, avec cette adorable teinte primevère sur la porte que vient rappeler le petit banc où l'on se déchausse. Le lambris blanc est un bon arrière-plan pour ce genre de couleurs vives.

CI-DESSOUS : Un petit coin où s'asseoir à côté d'une fenêtre est idéal pour faire le vide en silence cinq minutes avec un café. La chaise Re-Trouvé de Patricia Urquiola est disponible dans de nombreux coloris, et sur le blanc, noir et gris de la pièce, ce jaune acidulé est parfait.

CI-CONTRE : Le jaune qui ouvre l'espace est un choix judicieux pour le partitionnement ; la lampe en fil de fer témoigne du souci de cohérence de la palette. Les jaunes sont tous légèrement différents mais forment un ensemble harmonieux.

Des nuances sombres, intenses, pour des contrastes forts, de la majesté et de la chaleur.

DES TOUCHES AUX TEINTES RICHES

On va le voir dans les pages suivantes, des touches de couleur intense, aux accents de pierre précieuse, confèrent tout de suite à n'importe quelle pièce une aura et de l'opulence.

Beaucoup de gens sont quelque peu intimidés par les teintes riches. Certes, elles ne passent pas inaperçues, mais utilisées à petites doses, elles apportent un supplément de glamour et de luxe chez vous. Dans cette partie, je montre le genre d'aventures vers lesquelles ces couleurs somptueuses peuvent vous emmener.

Le rouge est associé à la passion et au danger, et suggère la richesse,

CI-CONTRE ET CI-DESSUS :
Le velours sombre évoque toutes sortes de représentations très glamour – il me fait penser à l'âge d'or d'Hollywood, ou aux *gentlemen's clubs* d'antan. Ces dernières années, les splendides bleus et verts sombres sont devenus de plus en plus prisés ; ils vont bien avec les finitions métalliques cuivre ou or à la mode. Dans ces deux pièces, le bleu saturé du sofa en velours est tempéré par les murs sombres et d'autres teintes et textures fortes, tandis que l'orange vif et les jaunes aux nuances chaudes se détachent sur cet arrière-plan opulent.

DESSUS À GAUCHE : **Le jaune moutarde se prête bien aux intérieurs sombres, auxquels il ajoute une touche vivante. Ici, la nuance chaleureuse est complémentaire avec les murs de briques, et le coussin à motif géométrique sert de lien entre le fauteuil et le sofa bleu sarcelle.**

DESSOUS À GAUCHE : **Sur le bleu sarcelle des étagères, le rouge pompier des boîtes de conserve anciennes et autres accessoires de cuisine détonne.**

DESSUS À DROITE : **Contrebalancé par des couleurs vives, l'intense bleu Tiffany ressort particulièrement bien. Le téléphone rouge brillant au style rétro crée un contraste fort.**

DESSOUS À DROITE : **Dans un coin sombre, l'orange apporte une lueur pleine de chaleur. L'effet est renforcé par le bois brillant et la tranche orange des livres.**

Je reste sans voix devant la force de ce parti pris. Un fauteuil aussi emblématique que l'œuf Ovalia d'Henrik Thor-Larsen mérite un décor spectaculaire comme celui-ci, où les murs turquoise mats accentuent la brillance de son extérieur blanc et font ressortir la garniture en laine rouge.

le rang et le prestige. Symbole de bonne fortune dans nombre de cultures, il est percutant et dynamique dans les espaces clairs comme sombres et se marie bien avec les autres teintes fortes.

Je n'étais pas particulièrement adepte du jaune pour les intérieurs hormis un bouquet de modestes jonquilles dans un vase, mais je me suis prise d'affection pour les tons riches de moutarde et de primevère brillants.

CI-CONTRE : **Ce n'est pas souvent que l'on voit du jaune dans les intérieurs, mais c'est une couleur fantastique pour les effets de contrastes, qui insuffle énergie et positivité dans une pièce. Cette cuisine en longueur avec ses murs gris sombre est le théâtre d'une déflagration de couleur inattendue et donne forme à un placard rétro avec ses poignées d'origine.**

À DROITE : **Un simple manteau de cheminée en bois devient une proposition audacieuse grâce à une couche de peinture jaune citron brillante. Entre son association heureuse avec le papier peint sombre aux flamants roses et la note acidulée, le noir profond de l'âtre est parfaitement mis en valeur.**

TOUT À GAUCHE ET CI-CONTRE À GAUCHE : **N'importe quelle nuance de jaune ira merveilleusement bien sur un fond sombre, mais si oser une teinte aussi présente vous fait peur, vous pouvez aussi faire un essai avec des éléments plus petits comme des tabourets, des poufs ou même des fauteuils cocktail. Vases, lampes et autres objets de décoration sont un moyen de plus d'ajouter en un clin d'œil un zeste de couleur à votre espace.**

CI-DESSUS À GAUCHE : Peints de la même couleur que vos murs, vos étagères disparaîtront presque, et les couleurs contrastées intenses seront mises à l'honneur. Ici, des objets écarlates utilisés comme presse-livre se détachent sur les murs charbon.

À GAUCHE : Les murs sombres sont l'arrière-plan idéal pour toutes sortes de créations. Ici, le traditionnel cadre doré associé à un passe-partout à la couleur framboise forte guide l'œil directement vers les trois images exposées.

CI-DESSUS : La vedette est ce fauteuil Artifort « Mushroom » de Pierre Paulin. La silhouette toute en courbes de cette pièce prestigieuse a un impact énorme, que la couleur éblouissante vient encore amplifier.

CI-CONTRE : Pour un mur, le bleu marine et l'indigo sont de bonnes alternatives au gris foncé ou au noir, offrant une densité et une élégance comparables, mais avec une dureté moindre. Dans cette pièce, le fauteuil en velours jaune citron contraste et apporte une note de douceur qui fait des merveilles.

À GAUCHE : Le néon est génial pour mettre une touche de couleur dans un espace tout en lui donnant un aspect ludique. Sur le mur de ce coin travail pas comme les autres, le tube apporte une dose de légèreté et de joie. Pour compléter le décor, un vieux bureau en métal et une chaise Eames.

CI-CONTRE : Les entrées, où l'on ne fait que passer, se prêtent très bien à l'expérimentation avec les contrastes, qui peuvent les transformer en lieux d'accueil pleins de surprise. Les propriétaires de cette entrée étroite ont pris le taureau par les cornes à grand renfort de couleurs de chez Farrow & Ball, Inchyra blue pour les boiseries et les moulures et jaune Babouche pour la rampe d'escalier.

À DROITE : Un fauteuil Vicario de Vico Magistretti d'un savoureux vert pomme avec un parquet brut et un mur bleu au ton chaud qui tire sur le violet : beaucoup de style et du panache dans ces choix décoratifs.

KEEP
CALM
AND
CARRY
ON

CI-CONTRE : À la recherche d'une ambiance luxe et *cosy,* on a choisi la teinte Railings de chez Farrow & Ball pour repeindre ce couloir. L'éclairage vers le bas fait ressortir les tons dorés du parquet brut, mais c'est la chaise rouge qui met de la vie dans cet espace.

CI-DESSUS : Quiconque a dit que le bleu avec le vert était à proscrire a tort, comme on peut le voir ici. Quelques vases et autres récipients en verre aux couleurs vives disposés ensemble, et la modernité s'invite sur une majestueuse cheminée d'époque.

Dynamique, extraverti, l'orange est une autre couleur chaude et s'acoquine volontiers avec le jaune et le rouge, surtout quand on les utilise en accents. Quant aux bleus pleins de superbe et de majesté, ils sont nombreux : bleu cobalt, bleu paon, bleu sarcelle. Ma plus grande surprise ici est sans doute le turquoise : fascinant, somptueux, dans certaines de ces pièces, il est, pour moi, employé de façon totalement inattendue. Comme je dis toujours, si ça vous plaît, sautez le pas. Les règles sont faites pour être enfreintes… enfin, si c'est le genre de chose qui vous tracasse !

CI-DESSUS : Le *Riad El Fenn* à Marrakech est célèbre pour ses œuvres étonnantes, ses objets d'artisanat marocain et ses couleurs contrastées. Dans l'une des salles de bains, la couleur cuivrée d'une baignoire se détache sur un mur bleu sidéral, créant un effet follement glamour. L'exotisme qui règne est renforcé par cet étonnant tabouret aux rayures blanches et rouges.

Une approche en douceur pour des intérieurs lumineux, aérés, où règne une simplicité sereine.

TOUCHES PASTEL

Les couleurs pastel sont faciles à vivre et les bleu pastel, rose dragée, vert céladon, Tiffany blue et autres jaune primevère sont frais, jolis, et très reposants, surtout associés à des parquets blancs et des murs pâles.

Dans les maisons de bord de mer on trouve souvent des bleu turquoise et des vert d'eau délavés aux tons lait associés à du lambris mural blanchi. Les amoureux du *shabby chic* parmi nous seront toujours attirés par des teintes passées, surtout quand il s'agit de trésors *vintage*

CI-CONTRE : **Cette pièce ensoleillée dans un cottage blanchi à la chaux est une invitation à entrer et s'asseoir. Les deux chaises rétro qui ont un peu vécu ajoutent une touche vert pistache revigorante rappelant le verre avec les fleurs sur la table.**

CI-DESSUS : **Simple mais tellement efficace. La longue rampe courbe de l'escalier a été peinte dans une teinte menthe fraîche du même ton que les marches. C'est une possibilité parmi toutes celles qu'offre la peinture.**

CI-CONTRE : Rose bonbon, rose dragée, coquille d'œuf… il ne faut pas toujours cantonner le rose à la chambre de bébé. J'aime son caractère, parce qu'il peut être régressif, voire un peu rétro. Ici, un tableau coquin redonne des couleurs à un intérieur froid et brillant.

CI-DESSOUS : Dans une chambre d'enfant, cette commode peinte en rose sert à ranger toutes sortes de trésors. L'effet est plein de fraîcheur et de simplicité dans cet intérieur douillet et apaisant.

EN HAUT À GAUCHE : Une touche de rose peut durer le temps d'un bouquet de fleurs. Ici, dans un mug Pantone, une poignée de pélargoniums roses cueillis dans le jardin.

EN HAUT À DROITE : Rose sur rose. Sur ce placard, le rose dragée est encadré par une nuance plus claire qui met en valeur les détails.

patinés comme on les aime et portant de légères traces de leurs anciennes vies. Une simple couche de peinture d'un joli pastel permet d'assortir des meubles d'occasion dépareillés. Par ailleurs, des papiers peints à petites fleurs ou aux motifs délicats apportent charme et profondeur à un mur décoratif.

Les pastels ne sont pas juste jolis. Une ou deux teintes dragées - rose ou bleu-vert - avec des murs gris pâle ou sur un fond sombre créent un effet très sophistiqué.

Simplicité et élégance sont les termes qui décrivent le mieux cette cuisine. On a pris soin d'équilibrer les multiples nuances de bleu, et l'effet est coordonné mais sans excès.

Du rose par-ci, du rose par-là, des touches de rose partout ! Cette pièce mélange les motifs et les couches en variant les nuances afin de créer une ambiance calme, chaleureuse, mais énergique, idéale pour un espace de travail ou un bureau à la maison. La suspension massive couleur corail sert de fil conducteur à l'ensemble.

Deux chaises à barreaux rétro repeintes en rose bonbon et pêche
mettent du contraste dans ce salon clair et lumineux.
Une manière astucieuse de remettre au goût du jour
des accessoires un peu miteux ou vieillots.

CI-CONTRE : J'adore la récupération des lattes de parquet laissées « dans leur jus » avec l'usure et les éclats de la peinture d'origine pour habiller un mur de cette soupente lumineuse.

CI-DESSUS : Un abat-jour en émail vert menthe au faux air rétro du plus bel effet sur un ravissant papier peint à fleurs roses.

À DROITE : Il n'y a pas que les murs qu'on peut peindre pour mettre une note colorée, il est aussi possible de teinter les boiseries et autres moulures. Ici, la porte à panneaux existante a été repeinte en bleu pâle, et une nuance turquoise plus sombre employée pour souligner les reliefs.

TOUCHES TON sur TON

2

Des touches de couleur qui déclinent les tons pour un look contemporain alliant sérénité et détente.

Pour le dire simplement, le ton sur ton consiste à choisir une couleur de base pour ensuite incorporer autant de nuances et de tons de cette même couleur qu'on veut. D'une certaine manière, cela est moins compliqué que d'ajouter des couleurs contrastées, avec l'avantage que l'on obtient un intérieur à l'ambiance calme et relaxante.

L'harmonie de tons donne une apparence sophistiquée et sobre. Si vous vous en tenez à un ensemble monochrome, vous pouvez partir du noir ou du

CI-CONTRE : **Le ton sur ton vous permet de mettre en vedette la couleur qui vous fait vibrer. Souvent, les variations tonales sont synonymes de douceur et d'harmonie, mais cette pièce est un tourbillon de nuances de rose allant du pastèque au magenta. Le bois apaise un peu le tout.**

CI-DESSUS : **Dans ce couloir, les murs, boiseries et autres moulures sont d'un orange rafraîchissant. La chaise rétro ton sur ton revêtue d'une fausse fourrure hirsute apporte une pointe d'humour. Le pot de la plante et son support repeints en rose bubble-gum brillant, couleur voisine de l'orange sur le cercle chromatique, s'accordent parfaitement avec le reste.**

blanc et décliner tous les tons de gris intermédiaires. Ce principe s'applique à n'importe quelle couleur de votre choix. Si vous optez pour du bleu comme couleur principale ou de base, vous pouvez varier les tons en allant du bleu marine au bleu poudré sur les sols, le plafond, les textiles ou les accessoires. Munissez-vous d'un nuancier et examinez-le à la lumière du jour pour distinguer tous les tons dégradés (la couleur mélangée à du blanc) et les tons rabattus (la couleur ajoutée à du noir) d'une teinte.

EN HAUT À GAUCHE : **Rose sur rose pour cet intérieur aussi. Les murs disent l'essentiel tandis que le tableau et les tissus qui retombent de la rampe d'escalier ajoutent des couches de couleurs.**

CI-DESSUS : **Le couloir de la page précédente vu avec du recul. Ici, on voit un luminaire en harmonie camaïeu, et l'escalier peint en corail qui maximise l'impact.**

CI-CONTRE : **Le *Riad El Fenn* de Marrakech place le rose sous le signe de la modernité avec ce somptueux mur pêche qui sert de toile de fond à un vénérable sofa en velours cerise.**

Loin des roses et orange survitaminés et pleins d'énergie, les camaïeux sombres comme ceux de cette double page produisent un tout autre effet, calme et contemplatif. La combinaison des tons sombres et des éléments *vintage* assortis crée un ensemble d'une grande modernité.

PAGES 58-59 : **Peu de couleurs dans cette ancienne grange réaménagée, mais une multitude de tons bois qui, ensemble, rendent l'atmosphère chaleureuse, accueillante et détendue.**

À GAUCHE : **J'adore ce côté *vintage*. Des vert pastel frais qui créent une ambiance légèrement rétro mise en valeur par les fanions, la chaise rustique repeinte et les pièces de tissu sur la porte. Ce jeu de couleurs conviendrait parfaitement à une chaumière ou une petite maison dont les éléments d'origine auraient été conservés.**

CI-CONTRE : **Qui ne serait pas tenté par une escapade glamping dans cet ancien bus scolaire ? Avec de la peinture brillante jaune vif et du papier peint rétro au ton assorti, on a créé cet espace absolument merveilleux. Surprenant et diablement romantique.**

Ceci étant dit, vous trouverez dans ce chapitre des exemples de ton sur ton qui ne reposent pas seulement sur les peintures. Dans un intérieur, les couleurs peuvent venir des boiseries, des tableaux, ou des tissus, entre autres. Ce qui importe, c'est que tous les tons se marient harmonieusement.

Alors, par où commencer ? La première étape consiste à trouver l'inspiration pour la teinte. Elle est peut-être déjà sous vos yeux. La couleur de base peut être forte, car son rôle est central - j'ai construit une palette entière autour d'un simple plaid de couleur vive. Y a-t-il

CI-DESSUS : **Ici, l'harmonie des nuances crème, pêche, bouton d'or contribue à créer une cuisine ensoleillée et lumineuse. On voit comment une palette de couleurs aux tons voisins unifie des éléments très disparates comme les moulures élaborées du bâtiment et un placard moderne.**

CI-DESSUS À DROITE : **Un jaune chaud va à merveille avec les nuances du bois brut et du lin lavé.**

un tapis, un tableau, un couvre-lit, ou même un objet de déco que vous aimez particulièrement ? Cela pourrait être l'idée de départ pour toute une pièce. En gardant l'esprit ouvert, vous pouvez follement vous amuser à chiner des objets à droite et à gauche, voire à recourir à la bombe de peinture pour que tout soit dans le ton choisi.

Il n'est pas question de chercher la perfection ou de dépenser des fortunes – ma démarche consiste à obtenir un beau résultat sans gros investissement financier. Il s'agit juste de comprendre le principe du ton sur ton, pour ensuite l'appliquer en fonction

de votre intérieur et de votre budget. Par exemple, si vous avez déjà un vieux sofa bleu, vous pouvez envisager de peindre le mur derrière d'une nuance de bleu plus foncée, d'ajouter un jeté ou des coussins un peu plus pâles et de poser des vases ou des livres ou n'importe quel objet d'une couleur voisine sur l'étagère à côté. Ainsi, vous bâtissez lentement mais sûrement un camaïeu. Et c'est cette superposition de nuances similaires qui fait vibrer un intérieur et lui donne du cachet, surtout si vous mélangez les textures, la douceur du velours et la rugosité d'une peinture murale par exemple.

CI-DESSUS À GAUCHE : **Les photos de cette double page illustrent le mariage heureux du bois et des tons jaunes chauds et riches. Ici, l'ajout d'un vert olive dérivé du jaune apporte une note sophistiquée.**

CI-DESSUS : **Le poêle en céramique du XIXe siècle de cet appartement scandinave a inspiré une palette déclinant des nuances mastic chaudes.**

À GAUCHE : Le télétravail me conviendrait parfaitement dans ce bureau ensoleillé meublé de pièces emblématiques comme la chaise Bertoia. Un élément de rangement peu banal dont les tiroirs créent un dégradé de tons bois est placé bien en vue pour être admiré.

DESSOUS À GAUCHE : L'habillage gris souris tirant sur le brun de ce sofa moelleux s'accorde bien avec le gris plus clair du mur de derrière. Le vase et le coussin couleur bronze ajoutent un soupçon de luxe à cette combinaison simple.

DESSOUS ET CI-CONTRE : Vue d'ensemble de la cuisine montrée dans les pages précédentes. Il n'est pas donné à tout le monde de vivre parmi des éléments architecturaux aussi somptueux, mais l'association du jaune bouton d'or joyeux avec l'onctuosité de la couleur sable et le bois naturel est transposable dans n'importe quelle cuisine, quels que soient sa taille ou son style.

J'adore ce monochrome très moderne. Ici, on a puisé dans les gris, mais malgré la froideur des nuances, on obtient un résultat *cosy* grâce aux textures du bois, de la peau de mouton et du lin.

CI-DESSUS : Le blanc sur blanc ne convient pas à tout le monde, mais l'effet est saisissant et ne manque pas d'élégance. Notez comme le tas de bûches et la peinture abîmée de la console apportent du relief au milieu de tout ce blanc, à l'instar des fleurs et des herbes séchées.

DESSUS À DROITE : Un autre exemple d'harmonie monochrome. Ici encore, la texture adoucit l'ensemble, avec des tissus agréables au toucher et des coussins à volants qui mettent un soupçon de féminité dans les nuances sombres.

À DROITE : Ici, le camaïeu s'étend sur l'appartement entier, depuis l'espace le plus clair au premier plan jusqu'à la nuance la plus foncée dans la pièce à l'autre bout. Une conception très harmonieuse de décoration.

À GAUCHE ET CI-CONTRE : Ces deux pièces d'une même maison partagent la même palette pleine de mystère et de charme. L'effet très sombre des murs et des meubles est atténué par le parquet peint en blanc et les touches dorées sur le grand miroir rond (ci-contre) et les étonnantes lampes palmiers (à gauche). Ce passage du côté obscur ne sera pas du goût de tout le monde, mais c'est indéniable, le résultat est spectaculaire.

DESSOUS À GAUCHE : Cette chambre à coucher bleu encre est un cas d'école de camaïeu, avec le bleu-gris mat des murs, le linge de lit légèrement plus clair et les tables de nuit aux lampes de chevet ananas assorties. *Cool* et décomplexé.

PAGE 70 : Pour cette pièce, il est moins question de couleurs que de textures. Oui, il y a pléthore de gris, mais ce qui donne de l'intérêt au lieu, c'est le contraste entre les différentes matières, des murs mats au jeté en fausse fourrure en passant par la laine du sofa. Un ensemble très tactile.

PAGE 71 : Les murs, le linge de lit et les rideaux charbonneux prennent vie grâce aux reflets du grand meuble en acier brossé et le fauteuil à l'imprimé léopard très glamour.

K

CI-CONTRE ET À DROITE : **L'effet calme et relaxant du bleu en fait un choix parfait pour une chambre. Celle-ci est intime et douillette, avec les murs et le plafond peints dans des bleu piscine et outremer riches et saturés et une couette assortie arborant un motif en zigzag plein de dynamisme.**

Le ton sur ton fonctionne dans n'importe quelle pièce tant que vous choisissez la couleur dominante adéquate pour l'ambiance que vous cherchez à créer. Pour une chambre à coucher, vous pouvez associer une teinte de fruit rouge intense pour la housse de couette à un rose pâle plus doux pour le drap et les taies d'oreiller et une couleur bordeaux pour le tapis.

Une autre façon d'arrêter son choix sur une palette un peu plus large mais toujours harmonieuse consiste à sélectionner des couleurs qui sont voisines sur le cercle chromatique – vert, bleu et gris pâles, par exemple, ou rose, rouge et orange, plus chauds. Vous obtiendrez un « faux » camaïeu, qui repose toujours sur des teintes voisines, mais est un peu plus vivant.

SUR CETTE PAGE : **Que de bleus. Une autre chambre prouvant que le bleu donne les coins nuit les plus apaisants. Ici, on a associé des murs bleu ciel à du linge de lit en lin prélavé d'un somptueux bleu de France. Les encadrements de fenêtres sont plus sombres, bleu acier, tout comme la commode et les placards encastrés. Pour parfaire le tout, des rideaux légèrement plus foncés et même une lampe et son abat-jour sont dans le même ton. Le résultat est d'une grande force, et pourtant il serait relativement facile à reproduire. Une telle palette de couleurs irait bien pour donner de la personnalité à une maison neuve dénuée d'éléments architecturaux marquants.**

CI-CONTRE : **Des lattes fines montées en diagonale forment un panneau mural surprenant qui sert de tête de lit pour un divan/*boxspring*. Le magnifique bleu paon est contemporain et raffiné, et quelques coussins déclinent les bleus pour unifier l'ensemble. Cela pourrait faire une chambre d'ado très élégante.**

3 COULEURS MURALES

CI-DESSUS : Dans cette chambre, le mur bleu vif donne de la singularité à un espace réduit et dénué de relief, qui manque d'intérêt architectural. J'aime beaucoup le petit cadre et l'étagère de chevet peints de la même couleur, qui rehaussent l'ensemble. La couleur est dense, mais le dessus-de-lit vert pâle est bien choisi et ne concurrence pas le bleu.

PAGE 80 : Le choix de cette riche teinte prune pour un lambris rustique a de quoi surprendre. Un mur avec une cheminée est toujours un candidat idéal pour un accent coloré, qui attirera l'attention vers un élément d'époque attrayant.

CI-CONTRE : Dans cette chambre d'enfant, l'équilibre est parfait. Le mur qui accueille des rangements encastrés a été peint en un magnifique bleu sarcelle sur lequel se détache le fauteuil en velours moutarde, et le tapis aux couleurs bigarrées fait le lien. Une ambiance à la fois gaie et apaisante pour les petits, qui change un peu des pastel d'usage.

Le mur décoratif met de la vie et crée la surprise dans n'importe quelle pièce de la maison, en toute simplicité.

UN MUR COLORÉ

Le mur d'accent est idéal si vous voulez afficher la couleur sans pour autant repeindre toute la pièce dans une nuance pêchue qui pourrait s'avérer envahissante. Ou quand il vous reste de la peinture d'une autre opération mais pas suffisamment pour les quatre murs.

Évidemment, il faut une certaine dose de confiance pour se lancer, mais ce qu'il y a de bien avec la peinture, c'est que si elle ne vous plaît pas, il suffit de la recouvrir avec une autre couleur ! En revanche, il est clair que créer

EN HAUT À GAUCHE : La teinte beurre frais éclatante et moderne des portes en stratifié ensoleille cette petite cuisine. Autre touche de couleur pleine de légèreté, le plateau turquoise de la table.

DESSOUS À GAUCHE : Dans une cage d'escalier étroite et sombre, un mur d'accent peut ajouter personnalité et profondeur sans être oppressant.

EN HAUT À DROITE : Un magenta explosif dans cet intérieur urbain dépouillé. Contraste de la couleur et de la texture avec le mur en briques peintes.

DESSOUS À DROITE : Le jaune, l'une des couleurs primaires, apporte une dose d'énergie et de positivité dans une pièce. Il est idéal pour les cuisines, les buanderies et autres espaces utilitaires.

À GAUCHE : **Je me demande par quoi tout a commencé ici : est-ce la peinture qui a inspiré la décoration, ou est-ce l'inverse ? En tout cas, cette pièce est pleine de bonnes ondes, avec cette étonnante association de couleurs primaires lumineuses dont le blanc du plafond et du linge de lit vient tempérer la force.**

CI-CONTRE : **Ce mur d'accent au cramoisi éclatant n'embrase pas seulement une banale cuisine blanche, il anime aussi la perspective depuis un coin salon/repas au décor neutre, perspective parfaitement encadrée par l'embrasure de la porte et le mur blanc. Une solution géniale si vous ne raffolez pas de la cuisine dont vous avez hérité. Un mur d'une teinte flamboyante comme celle-ci, c'est l'assurance d'éloigner les regards de placards un peu vilains.**

cet effet demande du temps et de l'argent, il y a donc quelques questions à se poser avant d'ouvrir les pots de peinture et de sortir le pinceau.

Avant toute chose, assurez-vous de choisir le bon côté ; il s'agit de mettre en valeur des éléments attrayants comme une cheminée d'époque ou, dans une chambre, une tête de lit tapissée. Si vous vivez dans un lieu non cloisonné ou un studio, peindre un mur permet éventuellement de définir un espace à part – riche couleur de fruit rouge derrière le sofa pour une invitation à se relaxer, ou jaune soleil comme toile de fond pour la table du coin repas familial.

Julius Meinl
BANANIA

CI-DESSUS : **Ce rouge tomate orangé est voyant mais plus chaleureux et moins fatigant qu'un vrai rouge. C'est une toile de fond merveilleuse pour l'accueillant tableau que composent le fauteuil en ton sur ton et l'élégante lampe en cuivre.**

EN HAUT À DROITE : **Pareils à deux vétérans au garde-à-vous en uniforme rouge vif, ces vieux strapontins de cinéma sont parfaitement dans le ton du mur derrière.**

Pour le choix des couleurs, j'ai quelques astuces. Regardez avec quoi vous travaillez. De quelle couleur sont les autres éléments de la pièce – meubles, rideaux ou stores, garnitures, etc. ? Un mur de la même teinte mais en plus sombre est une option si vous voulez quelque chose d'élégant. Si l'ensemble existant est plutôt neutre, vous pouvez introduire une nuance forte ou inattendue qui y mettra un peu de piquant. Et que voit-on quand on regarde par la fenêtre ? Si elle donne sur de la verdure, pourquoi pas un mur d'un vert plus sombre pour accentuer le côté végétal et naturel ? Dans le cas où vous envisageriez de peindre une cloison de séparation,

demandez-vous si la couleur qui vous plaît fonctionnera dans les deux espaces. Ce chapitre est là pour vous permettre de faire le plein d'idées et vous mettre sur la bonne piste.

Les testeurs de peinture sont indispensables. Achetez un rouleau de papier peint blanc, coupez-en de longues bandes, appliquez-y deux couches de peinture, puis fixez-les au mur pour un jour ou deux avant de prendre votre décision. Pour finir, je conseille toujours de peindre toute la surface, boiseries et moulures comprises – portes, cadres de fenêtres, plinthes, et manteau de cheminée s'il est en bois.

DESSUS À GAUCHE : **Choisir un rouge peut être un casse-tête, vous devez donc réfléchir à l'ambiance que vous voulez pour votre intérieur. Ce rouge rosé apporte un côté contemporain assumé.**

CI-DESSUS : **Les murs décoratifs ont toujours de l'impact quand ils mettent en avant une caractéristique de la pièce, comme une cheminée. Cet orange constitue un excellent arrière-plan pour une collection de céramiques rétro de style années soixante-dix.**

EN HAUT À GAUCHE : Ce mur est le résultat obtenu après avoir appliqué un glacis au lieu de le peindre – la couleur est moins dense, plus douce à l'œil, pour un effet plus apaisant.

À GAUCHE : Dans cette ravissante entrée évoquant un *cottage*, le mur à côté de la porte est revêtu d'un jaune-vert frais et ensoleillé. Les autres sont d'un turquoise pâle, les deux nuances étant coordonnées par des sacs à chaussures aux motifs floraux accrochés à la patère.

CI-DESSUS : Un mur vert citron donne du peps à cet escalier étroit. Cette nuance a besoin de lumière naturelle pour prendre vie, les espaces sombres ayant tendance à l'éteindre. L'effet est très contemporain et attire aussi l'attention sur la belle rampe blanche au style moderne.

CI-CONTRE : Un mur de cette pièce a été repeint dans une nuance douce d'aigue-marine qui irait parfaitement dans une maison de bord de mer. L'ambiance romantique est soulignée par des accessoires très simples – un bouquet de fleurs et de jolies robes anciennes.

Les couleurs primaires vont bien dans les chambres d'enfants. Éclatant et ensoleillé, ce jaune prend la vie du bon côté et l'humeur est au rire et au jeu. On remarquera les petites touches de rose poudré qui adoucissent l'ensemble et ajoutent une note apaisante.

Évidemment, on peut aussi choisir la tapisserie pour un mur d'accent ; un bel imprimé offre du détail et de la profondeur. Ici, sur un fond jaune plein de gaieté, des oiseaux et des fleurs composent un motif délicat qui donne un certain charme à une simple mansarde aux murs blancs.

Expérimentez avec des combinaisons imaginatives et renversantes pour une déco qui se démarque vraiment.

LES BLOCS DE COULEUR

Le concept de blocs de couleur (*color blocking*) consiste à peindre certaines parties d'un mur ou d'un intérieur ou même d'associer deux ou trois teintes à un endroit précis. Comme vous le verrez dans ce chapitre, c'est une manière de donner des couleurs et de la personnalité à vos pièces qui offre beaucoup de souplesse. Ici aussi, le risque n'est pas énorme, car il est toujours possible de repeindre par-dessus ce que l'on a fait. C'est aussi une façon amusante de terminer des échantillons qui restent d'autres travaux.

La première étape consiste à savoir quels murs ou parties de mur repeindre, et comment va-t-on utiliser les zones de couleur pour créer un effet visuel intéressant.

CI-DESSUS : **Un bloc jaune envoie une décharge d'énergie dans n'importe quel intérieur et en plus de refléter la lumière, la finition brillante ajoute de l'intensité. Sous l'effet conjugué du bois brut du sol, des poutres en bois et du vert de la chaise, le jaune devient organique et chaleureux au lieu d'être aveuglant.**

CI-CONTRE : **Il faut diviser les grands espaces ouverts en zones réservées à différentes activités. Repeindre en jaune banane l'élément de séparation en bois qui domine ici semble osé, mais cet aplat fait vivre l'espace et met un peu d'intimité dans le coin salon, malgré l'ampleur de la pièce.**

Osterwold POP ART Taschen
JEFF KOONS TASCHEN
GRADUATION 2010
THE GLORIOUS RISE AND FALL
ANDY WARHOL
A RETROSPECTIVE

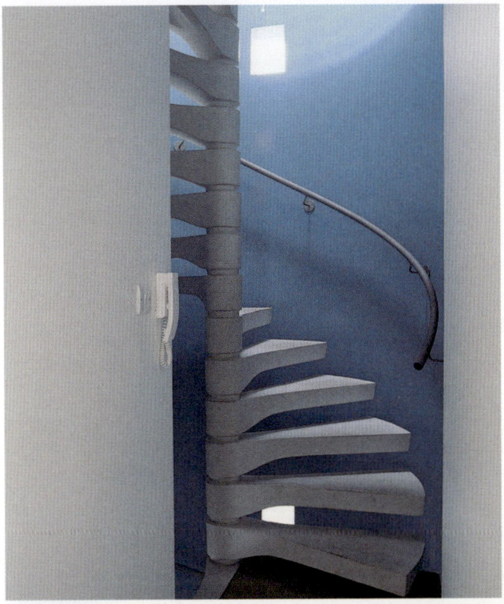

DESSUS À GAUCHE : Le bleu est un choix judicieux pour cette cage d'escalier étroite qui conduit vers la lumière et, en définitive, le ciel.

DESSOUS À GAUCHE ET CI-CONTRE : Des blocs de couleur très graphiques qui évoquent une peinture de Mondrian. C'est l'association du jaune et du noir, la plus contrastée de toutes, qui produit cet effet saisissant.

DESSUS À DROITE : Cette minuscule alcôve nichée sous un escalier est une explosion de jaune ; un véritable rayon de soleil derrière les marches.

DESSOUS À DROITE : Le *color blocking* appliqué à la partie inférieure d'un mur : simple, efficace et pratique. Pour une salle d'eau, le bleu pâle sur du blanc est une combinaison pleine de fraîcheur.

Il y a peut-être déjà des éléments architecturaux qui peuvent vous servir de repères naturels, plinthes, corniches, cadres, cimaises. Dans le cas inverse, je suggère d'utiliser de l'adhésif de masquage pour marquer les zones à peindre (servez-vous d'un niveau à bulle si vous le faites vous-même : si vos lignes ne sont pas impeccables, le résultat sera complètement raté). N'oubliez pas le plafond, qu'on désigne souvent comme le cinquième mur. Si la pièce est très haute, une peinture colorée au plafond lui donnera

À GAUCHE ET CI-CONTRE : **Le mariage rose corail et bleu cobalt est inattendu mais fonctionne bien, sans doute parce que ces couleurs qui contrastent fortement se valent en densité et en saturation. Tout le monde n'aime pas l'effet, mais il est très moderne et photogénique. Il ne serait pas difficile à recréer avec du MDF et des baguettes pour le soubassement. Les étagères murales ont reçu la même couleur que ce dernier, mais l'impact serait le même si elles étaient peintes comme le mur.**

À DROITE : **Gros plan du mur à soubassement géométrique. La table en marbre ombré accueille un chandelier Stoff Nagel.**

TOUT À DROITE : **Autre exemple de l'élégant design contemporain qui s'est imposé dans la conception de cet espace : deux lampes Cestita Bateria de Santa & Cole qui se détachent sur le soubassement bleu.**

Audacieux, ce bloc enveloppant dont la finition brillante couleur mandarine orne le mur et le plafond. Un effet résolument rétro grâce à l'enfilade années cinquante et au fauteuil en bambou. Cette déco serait facile à recréer avec un petit pot de peinture brillante, une règle et de l'adhésif de masquage.

PAGE 97 : Pour moi, on devrait voir plus de bleu avec du vert ! Ce mariage est tellement harmonieux. Les propriétaires ont tiré pleinement parti des courbes de leur escalier, créant des zones de blocs de couleur abstraits qui imitent un drapé.

À GAUCHE : Une explosion de rouge coquelicot brillant donne du nerf à un élégant intérieur masculin, lui évitant l'écueil du terne. Ce choix de couleur rend l'ensemble plus chaleureux et fonctionne bien avec des meubles marron.

CI-DESSOUS : Un rouge flamboyant, dans la salle de bains cette fois. Ceci demande plus de réflexion et de moyens qu'un coup de pinceau. Les mosaïques en petits carreaux, généralement vendues en plaques, sont assez simples à poser. Et si vous optez pour la solution bon marché du carrelage blanc partout, un mur de couleur lustrée fera son effet.

CI-CONTRE : Dans cette cuisine minimaliste, le plafond, ce « cinquième mur », a été utilisé pour créer un bloc de couleur surprenant et peu commun. Le magenta est présent mais pas oppressant, on n'a donc pas l'impression d'être écrasé(e) par le plafond. Ce type de palette qui exige une bonne lumière naturelle donne à la cuisine un look moderne et épuré mais pas froid.

un côté plus douillet, plus « cocon ». Sinon, vous pouvez peindre une large bande jusqu'en haut du mur en la prolongeant sur le plafond pour encadrer un grand lit ou une belle cheminée. Examinez longuement votre espace ; il peut s'y trouver des candidats idéaux pour des blocs de couleur : niches de fenêtres, parties de murs vides, réduits et autres recoins.

Pour la palette maintenant. Dans certains intérieurs, on trouve des blocs de couleur qui jouent sur les tons d'une même teinte,

Cette pièce immense dans un appartement ancien, avec ses hauts plafonds majestueux et ses larges baies, a donné à son propriétaire la possibilité de sortir des sentiers battus. L'effet Mondrian ici encore, mais cette fois les riches teintes orange et bleu sont séparées par les boiseries peintes en blanc. Ces couleurs fortes exigent une pièce vaste et bien éclairée.

À DROITE : Dans cette salle de bains, le coin douche est délimité par un bloc vert citron. Perçues comme dynamisantes, les teintes acidulées lumineuses vont bien dans les douches. En tout cas, celle-ci doit réveiller le matin.

CI-DESSOUS : Une fenêtre opaque laisse filtrer la lumière dans cette pièce tranquille. Le lambris de soubassement forme un rectangle au vert citron chaleureux qui encadre l'élément central, la baignoire. Les murs bleu ciel évoquent la mer et le soleil et conviennent bien à une salle de bains.

CI-CONTRE : Du *color blocking* pas comme les autres. Ici, on a une utilisation maligne et efficace de deux couleurs très différentes consistant à les séparer par un grand espace blanc. La bande lilas et la tête de lit pourpre assortie complémentent le vert citron doux. Ces trois couleurs se marient bien dans la nature. Le lilas facilite le sommeil et le vert citron est vivifiant, ce qui en fait des choix judicieux pour une chambre.

tandis que d'autres associent des couleurs qu'on n'imaginerait jamais ensemble. Il est important de déterminer l'usage de la pièce : est-ce un lieu pour la tranquillité et la relaxation, ou un endroit où l'on a besoin de concentration et d'énergie ? Cela vous aidera à prendre les bonnes décisions. Vous pouvez aussi avoir envie de suivre les dernières tendances ou d'effectuer des changements au gré des saisons. Si vous ne peignez qu'une petite zone, un testeur suffira et minimisera les dépenses. Pour un essai, découpez des formes dans du carton ou du papier et appliquez une teinte différente sur chacune d'elles avant de les coller au mur. Amusez-vous, expérimentez !

GRETA GARBO
MARLENE DIETRICH
MACIEJOWSKI
GILBERT & GEORGE
GILBERT & GEORGE
ATLAS OF THE

de TOUTES les COULEURS

4

CI-DESSUS : **Cette pièce est un paradis du rétro ; et le fait de n'utiliser que des motifs rétro signifie que les couleurs appartiennent à une période précise du design, et se marient harmonieusement. Les tissus et papiers peints *vintage* se trouvent facilement sur eBay ou Etsy, ou en écumant les marchés aux puces et les vendeurs spécialisés.**

CI-CONTRE : **Resplendissant, le papier peint Mosaic de Bien Fait est le choix idéal pour un mur déco multicolore qui autorise toutes sortes de combinaisons de couleurs. On a préservé la relative neutralité du reste de la pièce, mais souligné l'ambiance carnaval ajoutant un cheval de carrousel ancien.**

Pourquoi s'arracher les cheveux à choisir une couleur quand on peut en avoir beaucoup ? Maximalistes, foncez, et créez une déco éblouissante de toutes les couleurs.

Quand on me demande quelle est ma couleur préférée, il m'est impossible de répondre. Je crois savoir laquelle… Puis je change d'avis et je pense à une autre. Si vous êtes comme moi, un patchwork magnifiquement coloré pourrait bien être la réponse. Les touches multicolores sont une façon joyeuse d'embellir votre lieu de vie et ce chapitre contient de nombreuses idées pour vous inspirer. Il y a peut-être un artiste en herbe dans votre famille, auquel cas lui donner de la peinture et un mur où

Cette cuisine par ailleurs
très simple a suivi une cure
multicolore pour
un résultat des plus
convaincants.
J'aime l'utilisation du vert
menthe et du turquoise
clair – une palette
de couleurs primaires
serait un peu téléphonée.

EN HAUT À GAUCHE : Ces suspensions multicolores à différentes hauteurs réveillent le plafond sombre. Plus elles sont basses, plus elles font partie de la pièce.

DESSOUS À GAUCHE : Parfait pour mélanger les couleurs : ici, on a repeint les portes coulissantes des placards et le fond des étagères avec des couleurs complémentaires.

DESSUS À DROITE : Voici ma discipline préférée avec les couleurs : ranger mes livres par teinte. Croyez-moi, quand on commence, cela devient une obsession.

DESSOUS À DROITE : Le papier peint imitation carrelage très stylé donne vie et couleur au mur de cette chambre. J'aime beaucoup la manière dont l'unique coussin en velours entre en résonance avec le motif.

À GAUCHE : **Quelle idée ingénieuse ! De petites boîtes collées ensemble forment un présentoir pour des bibelots, en l'occurrence de curieuses figurines. Les fonds ont été recouverts de chutes de papier peint rétro et de papier cadeau pour créer un effet multicolore et multimotif. L'objet fini n'est pas lourd et peut donc être accroché sans vis, éventuellement avec des languettes de fixation adhésives.**

CI-CONTRE : **L'encadrement de cette fenêtre intérieure a été repeint avec un jaune qui swingue pour mettre une pincée de couleur vive dans cette cuisine aux murs blancs. D'autres touches colorées pleines de malice s'y ajoutent avec le rideau de porte, la nappe et les chaises bistrot Tolix *vintage*, mais elles peuvent être remplacées ou retirées en un clin d'œil. J'adore la collection de vases et de pots de toutes les formes et couleurs sur le rebord de fenêtre.**

s'exprimer peut donner des résultats intéressants – si cela ne vous fait pas peur.

Une autre option est la tapisserie ou l'art mural, comme le pochoir ou les stickers. Le choix de papiers peints multicolores est pléthorique et permet d'obtenir pratiquement n'importe quel effet. On peut imaginer une fresque panoramique ou, si c'est trop décoratif, peut-être une imitation bois ou marbre avec des couleurs insolites. Il est certain que cela dépasse les compétences d'un bricoleur amateur, vous devrez donc trouver le spécialiste qui saura poser le papier peint.

CI-CONTRE : Ces superbes fenêtres qui vont du sol au plafond en imposent, et laissent la lumière se déverser dans cette pièce claire et aérée. Des livres rangés par couleur, deux vieux fauteuils auxquels on a donné une deuxième vie en les retapissant de velours bleu, et une superbe touche de fuchsia grâce aux repose-pieds.

CI-DESSUS : Une palette idéale pour une chambre d'enfant. Les portes de placards aux teintes pastel différentes restent harmonieuses et le fameux éléphant Eames en rose pâle confère à l'ensemble un look contemporain.

À DROITE : Les enfants aiment les aplats éclatants comme ceux de cette crèche pleine de gaieté. Tandis que le bleu est vu comme reposant, l'orange est chaleureux, réconfortant et *cosy* – exactement ce qu'il faut pour une chambre de tout-petit.

À GAUCHE ET CI-CONTRE : **Cette fresque géométrique ne laisse pas indifférent, même si ce choix n'est pas pour les âmes sensibles. À première vue, elle semble composée uniquement de couleurs primaires, mais on trouve aussi du vert et du mauve. L'effet ne manque ni d'ampleur, ni d'éclat, ni de force de conviction. Les teintes chatoyantes dont sont recouverts les coussins du sofa apportent une touche finale parfaite.**

CI-DESSUS : **Un banal escalier reprend vie avec les couleurs de l'arc-en-ciel. Une excellente manière de finir des pots de peinture brillante ou encore d'enseigner aux enfants les différentes couleurs tout en montant les marches.**

PAGES 116-117 : **Chaque pièce de cette habitation témoigne d'une grande audace dans l'approche de la couleur, du vert pomme de la cuisine au bleu cobalt pour les murs des chambres. L'étourdissante fresque, peinte à la main par le propriétaire, est remarquable et a un petit côté Ziggy Stardust.**

Le même effet peut être obtenu grâce à une seule création de grandes dimensions avec un agencement de couleurs vives ou une peinture abstraite déclinant les teintes de l'arc-en-ciel. Opter pour une tapisserie ou une œuvre signifie que quelqu'un a fait le travail pour vous en matière de combinaisons chromatiques. Toutefois, le rendu d'une couleur sera nettement différent d'un endroit à l'autre selon la lumière, et mieux vaut avoir recours à des testeurs.

ELVIS
G.I. BLUES

CI-DESSUS : **On a relooké cette vieille casse d'imprimerie en revêtant ses compartiments d'échantillons de tapisserie et autres chutes de papier cadeau. Elle abrite maintenant des petits trésors et égaye de ses couleurs une chambre d'enfant.**

EN HAUT À DROITE : **Cette œuvre pourrait servir d'inspiration pour une création similaire faite de pastilles de couleur et d'un présentoir blanc.**

Vous pouvez aussi commander des échantillons de tapisserie pour voir ce qu'ils donnent dans votre pièce.

Si vous décidez de vous débrouiller seul(e) et d'ajouter plusieurs touches de différentes couleurs dans un espace, n'oubliez pas de garder des zones blanches ou d'une teinte douce pour tempérer l'effet et éviter un résultat trop chargé. Ceci est particulièrement vrai si vous utilisez principalement des couleurs primaires. Un tapis multicolore est un bon point de départ : le choix est large dans les magasins grand public. Un tapis rend tout de suite une pièce agréable et, comme

avec la tapisserie, vous pouvez souligner certaines couleurs avec des accessoires de la même teinte. En accrochant un tapis au mur, on focalise l'attention sur un élément de décoration marquant et on peut jouer sur l'espace. Pas besoin d'encombrer une petite pièce de bibelots – les grands inspirent confiance et ont un impact. Vous pouvez prendre votre temps pour ajouter des accessoires au gré de vos trouvailles. Je passe mon temps à dire qu'il faut prendre son temps, mais si comme moi vous êtes impatient(e) et impulsif(ve), cela ne marchera peut-être pas pour vous.

EN HAUT À GAUCHE : **Une alcôve étroite a été transformée en un coin douillet pour accueillir ce lit de bébé rose vif. Les couleurs des fanions rappellent celles des abat-jour en papier.**

CI-DESSUS : **Dans cet intérieur neutre, on a peint des petits carrés de bois pour en faire des créations colorées qui mettent une touche vivante dans ce coin travail.**

À DROITE : Si la cuisine dont vous avez hérité est quelconque ou si vous êtes locataire, rafraîchissez-la en y mettant quelques accessoires colorés.
Ici, les récipients pleins de bonne humeur avec leurs ustensiles assortis apportent chaleur et personnalité dans une cuisine utilitaire, au milieu des appareils blancs et de l'inox brossé omniprésent.

À GAUCHE : L'art pictural et les tissus sont le meilleur moyen d'apporter du caractère dans une pièce. Ici, un cadre traditionnel customisé d'un coup de pinceau encadre un coupon de tissu *vintage*. Le sofa est revêtu d'un couvre-lit rouge vif, et la nappe introduit un autre motif et des bandes d'un bleu éclatant.

CI-CONTRE : On peut ajouter une pincée de personnalité dans une cuisine blanche basique, avec quelques trucs faciles.
Ici, le réfrigérateur rétro Smeg rose layette donne le ton, et le marchepied Ikea jaune soleil apporte un peu de piquant. Du carrelage bon marché bleu clair éclaire les plans de travail et le tout est pondéré par le revêtement monochrome du sol. Le résultat ?
Un espace gai, fonctionnel et tendance.

PAGES 122-123 : Si vous n'avez qu'un ou deux rouleaux de précieuse tapisserie *vintage*, vous allez devoir faire preuve d'inventivité dans leur utilisation.
Le propriétaire de cette cuisine a eu la brillante idée d'installer une crédence en mettant sous verre des carrés de tapisserie rétro. Les rangements ouverts, les lampes surdimensionnées et les accessoires de toutes les couleurs renforcent encore l'ambiance bohème et décontractée.

GROW
UP

Suverøne Succeser
GREATEST HITS
MED EKSTRANUMRE
Mere
Køkken
revolution
fra Umahro
Isäsong
Dualit

JAMIE OLIVER
GRØNT
KLIMA
KOGEBOGEN
EXTRA VERGINE

De minimaliste, cette déco monochrome très épurée – murs, plafond et parquet tout en blanc, chaise et suspensions noires – devient multicolore par le simple et unique ajout de textiles *vintage* et de meubles peints.

CI-CONTRE : La tapisserie Prism de chez Cole & Son se caractérise par son effet kaléidoscopique. Ici, elle met un peu d'effervescence au milieu de la neutralité d'un parquet couleur bois et d'une moquette d'escalier à la teinte avoine. L'effet pourrait être renforcé en peignant les autres murs dans un ton lilas ou jaune choisi sur le papier peint.

On ne passe pas beaucoup de temps dans une entrée, c'est donc le lieu à privilégier pour les associations qui détonnent si vous n'êtes pas sûr(e) de vouloir des couleurs aussi voyantes dans votre séjour.

À GAUCHE : Les murs magenta vif et la collection d'encadrements aux rayures multicolores produisent un effet original et sophistiqué. Il est possible de reproduire ce mur couvert d'œuvres avec des feuilles de papier cadeau multicolore et des cadres blancs ou gris métal.

À DROITE : Le cerisier japonais est en fleur toute l'année sur cette fresque spectaculaire. J'adore la manière dont elle épouse l'angle pour se prolonger sur le mur contigu.

CI-DESSOUS : Ces magnifiques lampions en verre multicolores aux teintes riches et chatoyantes, ornés de pampilles pour certains, apportent un élément inattendu dans cette véranda peinte en vert.

5

COULEURS TEXTILES

Les textiles sont une solution simple pour faire vibrer les couleurs chez vous, quel que soit le style de votre intérieur. Avec ou sans motif, neutres ou voyants, ils vous permettent de donner libre cours à vos idées.

Le textile est au cœur de tous les styles ou toutes les tendances déco dont je me suis servie au fil des années. Et évidemment, son grand avantage est que, s'il vous prend l'envie de donner un coup de jeune à une pièce, il vous suffit de changer les coussins, tapis ou rideaux pour créer une ambiance complètement différente.

Dans ce chapitre, j'évoque le textile sous toutes ses formes : celles qui représentent un investissement conséquent comme les sofas tapissés ou les rideaux, et les autres, tels que les tapis et coussins ; toutes peuvent transformer un espace en un tournemain.

CI-CONTRE : **Ce sofa est lumineux, mais avec son jaune aux tons miel, il met du soleil dans cet intérieur sublime avec sa fresque merveilleuse. Un canapé jaune ne passe pas inaperçu, certes, mais il trouvera sa place facilement et serait aussi beau devant un mur uni bleu marine ou blanc.**

CI-DESSUS : **À première vue, dans ce tas de coussins, il semble y avoir une multitude de teintes, mais quand on regarde plus attentivement, il y a en fait deux couleurs dominantes – le turquoise et l'ocre – répétées pour produire un effet harmonieux.**

EN HAUT À GAUCHE : Changez vos coussins au gré des saisons. Ceux-ci, en velours aux tons de pierres précieuses, peuvent être remplacés par du lin blanc en été.

DESSOUS À GAUCHE : Si comme moi vous collectionnez les tissus pour leurs motifs et leurs couleurs, vous devez avoir envie de les montrer. Je mets les miens, pliés, dans une armoire à porte vitrée, pour que tout le monde puisse les admirer.

EN HAUT À DROITE : N'oubliez pas les abat-jour en tissu pour ajouter de la couleur. Ce spécimen en satin plein d'excentricité met un petit grain de folie supplémentaire dans une chambre rose.

DESSOUS À DROITE : Choix courageux pour le tissu du sofa, mais parmi les différentes couleurs, on peut en retenir une ou deux et les reprendre pour d'éventuels accessoires.

Ce qu'il y a de bien avec les tissus, c'est qu'on peut s'en servir pour recouvrir des meubles auxquels on veut donner rapidement un coup de jeune. Avec une courtepointe en patchwork comme celle-ci, on a l'embarras du choix si l'on souhaite ajouter d'autres touches de couleur. Les rouge et bleu vif sont repris par les coussins aux imprimés rétro. Remarquez comment ces derniers, avec leurs tailles et leurs formes variées, rendent l'ensemble plus intéressant visuellement.

Les tissus richement colorés et picturaux montrés dans ces pages sont de la marque écossaise Bluebellgray dont l'imprimé Butterfly a servi à retapisser ce fauteuil. Tel qu'il est mis en valeur ici, ce dernier est fabuleux, mais il faut aussi remarquer le rose vif, fil conducteur qui tient l'ensemble.

TOUT À GAUCHE ET À GAUCHE : **Comme je l'ai déjà dit, les coussins sont un moyen efficace et relativement bon marché de mettre tout de suite de la couleur dans n'importe quel intérieur. Double dose de couleur pour ces modèles de chez Bluebellgray avec l'imprimé éclatant et aéré et les pompons qui reprennent les teintes du motif.**

À DROITE : **Un duo plein de fraîcheur et d'inattendu : le sofa contemporain revêtu d'un motif floral romantique aux couleurs éclatantes avec, pour équilibrer le gigantisme de l'imprimé, les murs au bleu outremer profond. Votre méfiance vous dissuade d'adopter des tissus trop voyants ? Vous pouvez obtenir le même résultat en drapant votre canapé d'un morceau d'étoffe de votre choix.**

Dans le séjour, l'espace s'organise autour du sofa qui impose son style et son atmosphère à la pièce. Cela fait vingt ans que j'ai les deux mêmes canapés en lin crème, ce qui présente un certain intérêt côté finances et à long terme. En effet, des éléments neutres permettent de pouvoir transformer une pièce avec de simples coussins, jetés et autres textiles. Il est vrai aussi que je les ai fait retapisser et que j'en ai fait regarnir l'assise à l'occasion. Cela les rafraîchit

Tout le monde n'aime pas les feux d'artifice de couleur et si vous recherchez des intérieurs calmes, sereins, celui-ci n'est pas pour vous. Mais en regardant cette photo, je peux dire que le propriétaire aime les tissus et les couleurs vives et a beaucoup voyagé. Le choix d'un canapé jaune comme élément fort de la pièce est parfaitement logique et donne sa cohésion à cette décoration aux couleurs épicées.

GEORGIA SCOTT
TASCHEN

À GAUCHE : **Cette pièce met vraiment les textiles à l'honneur. Admirez l'abat-jour, le tapis et le sublime couvre-lit d'inspiration japonaise sur lequel des oiseaux et des fleurs multicolores ont été cousus. Le choix du vert forêt pour les murs est inattendu, mais le résultat est fastueux et glamour, et j'aime le manteau de cheminée peint comme les murs, qui montre qu'on est allé jusqu'au bout de ce concept somptueux.**

CI-CONTRE : **Le décor de ce lieu de vie puise son inspiration dans la nature, avec un oiseau ou un autre animal sur chaque surface, et vient aussi de l'amour des textiles d'exception. Sur un luxueux parquet en bois trône un grand canapé en velours bleu sidéral, un arrière-plan parfait pour des tissus somptueux. Des touches de noir et d'or apportent une note glamour, et la pièce reste fraîche et ensoleillée grâce aux murs clairs.**

et leur offre une nouvelle vie. Mais entre l'achat du tissu et le coût de la rénovation, ce n'est pas vraiment aussi rapide, facile et (plutôt) bon marché que changer la couleur des murs, il faut donc bien réfléchir. Moi-même, je collectionne les textiles et les utilise comme décoration, ainsi qu'à des fins plus pratiques. Au fil des ans, j'ai amassé des draps en lin anciens achetés aux puces qui me servent à protéger mes canapés. J'aime aussi couvrir ces derniers et autres fauteuils de jetés rapportés de voyages en Inde ou au Maroc où l'amoureux des étoffes est comme un enfant dans une confiserie – impossible de résister aux tissus éclatants,

CI-DESSUS : **Cette mansarde avec ses jambes de force apparentes a désespérément besoin de chaleur et de couleur. Le tapis de style Aubusson apporte des teintes framboise et jaune que reprennent le couvre-lit à franges et la couverture tricotée.**

CI-DESSUS À DROITE : **Un voilage sur lequel on a cousu des pois peut mettre de la couleur dans un espace blanc ou inclure une teinte de référence qui sera reprise par les rideaux, les coussins ou la literie.**

audacieux et magnifiques. Dans ces pays, on emploie la couleur de manière si expressive, si dynamique, que j'ai du mal à ne pas m'emballer et acheter tout ce que je vois. Avec une base neutre, il est facile d'utiliser les textiles pour créer des touches de couleur. Je viens de faire l'acquisition de deux coussins en velours orange brûlé. Ils figurent maintenant en bonne place sur un canapé aux côtés de mes jetés en lin. J'ai changé les livres posés sur la table basse pour d'autres dont la couverture est orange et mis un plaid de couleur similaire sur l'autre canapé. Et voilà : en un rien de temps, j'ai obtenu une déco automnale aux tons riches.

Les rideaux sont un autre investissement qui demande mûre réflexion. Dans certaines pièces, ils sont vitaux, pour occulter la lumière ou pour garder la chaleur de la pièce. Si vous êtes dans ce cas, évitez quelque chose de trop à la mode ou de trop assorti qui pourrait ne pas résister à l'épreuve du temps. Si vous voulez des touches très colorées ou un motif qui se voit bien, optez pour la solution moins coûteuse des rideaux non doublés, lesquels peuvent métamorphoser une pièce sans être ruineux. Dès lors que vous avez une tringle, vous pouvez accrocher pratiquement n'importe quel bout de tissu de bonne longueur à l'aide d'anneaux à pinces.

DESSUS À GAUCHE : **Une collection d'imprimés au style *sixties* et aux teintes pastel habille une banquette sous une fenêtre. Un look plein de fraîcheur qui conviendrait également pour une chambre de bébé ou d'enfant.**

CI-DESSUS : **J'adore cette idée de la tête de lit couverte de tissu matelassé qui apporte un supplément de confort. Si vous avez le coup de foudre pour un tissu hors de prix, l'utiliser par petites doses comme ici peut avoir un fort impact.**

CI-CONTRE : Les barreaux de la rampe laissent entrevoir – idée géniale – un tapis d'escalier aux bandes multicolores. Il remplit la maison de vie et de joie, et chacune de ses teintes peut être répétée dans l'ameublement et les accessoires. Le vert citron acidulé et le rose appétissant sont repris sur le fauteuil, qui ressort sur le lambris et les murs blancs. Un espace plein de fraîcheur et de vitalité.

CI-DESSUS : Le tableau a servi de point de départ à la déco vert et bleu reposant sur un ou deux couvre-lits et une collection de coussins. Autre touche de couleur éclatante, la bibliothèque peinte en rouge. Un ensemble sobre et élégant.

À DROITE : Un étalage de jetés et coussins richement colorés qui fait envie – batik, kantha et tapisserie se marient à merveille. Cette magnifique collection de toutes les couleurs trouverait sa place dans un salon ou une chambre.

CI-DESSOUS : L'orange est une couleur d'accent formidable qui s'intègre à presque tous les intérieurs. Ici, deux coussins se détachent sur le vert foncé du banc et du panneau ornemental du fond, et le thème est repris par le vase sur la cheminée.

À DROITE : Il peut suffire d'un ou deux coussins qui tranchent pour mettre une étincelle dans un intérieur, surtout quand on arrive à se procurer des associations de couleurs aussi éblouissantes que celles-ci.

DESSOUS À DROITE : Ces coussins en soie aux imprimés façon foulards de la marque londonienne Silken Favours mettraient une note glamour dans n'importe quel salon. Si vous savez vous servir d'une machine à coudre, vous pouvez fabriquer vous-même vos housses avec du tissu choisi pour aller avec les autres éléments.

CI-CONTRE : On a recouru aux textiles pour enrichir les teintes et les matières de cette magnifique pièce. Les rideaux et le fauteuil vert émeraude sont recouverts d'un épais velours chatoyant, tandis que les coussins et le tapis arborent des motifs mystérieux.

Love

Le bleu est une couleur charmante pour une chambre, calme et reposante, même dans un motif géométrique comme celui-ci. J'aime vraiment beaucoup le bloc de couleur bleu pâle sur le mur, un effet facile à reproduire dans n'importe quelle pièce.

CI-CONTRE : Les rideaux épais et luxueux comme ceux-ci apportent une touche d'opulence et sont idéaux pour occulter la lumière du jour, mais ils ne sont pas bon marché. Il est judicieux de choisir une teinte neutre qui permettra de les garder quand vous referez la décoration.

Dans une location où il n'est pas possible de repeindre les murs, il existe beaucoup de façons de colorer son intérieur. Une tenture, un tapis ou un couvre-lit apporte tout de suite un supplément de couleur et de matière, couvre efficacement une partie de mur blanc. La gaine de l'horloge a reçu une couche de peinture jaune ton sur ton.

CI-DESSOUS : Le coussin fuchsia introduit un élément voyant mais empreint de féminité dans une pièce minimaliste. Effet réussi pour une couleur simple qui me rappelle mon rouge à lèvres préféré.

DESSOUS À DROITE : Coupé dans un vieux torchon en lin irlandais, ce rideau style bistrot apporte une solution très ingénieuse pour occulter une fenêtre de salle de bains. Les bandes bleues fleurent bon le vent du large.

À DROITE : J'ai toujours été fan de l'idée d'utiliser un beau vêtement comme une œuvre d'art, surtout les pièces *vintage*. Avec cette charmante petite robe cocktail, une note rouge vif s'invite dans un espace lumineux et aéré. Exposer les trésors de sa garde-robe est une façon rapide et simple de colorer son intérieur.

COULEURS VIVANTES

6

En un instant, plantes et fleurs mettent de la joie et des couleurs chez vous.

J'adore avoir tout le temps des fleurs chez moi, c'est un tel plaisir. Elles ajoutent une touche finale à une décoration ou à un arrangement, qu'il s'agisse d'un feu d'artifice de tulipes éclatantes ou de longues branches fleuries qui viennent du grand arbre de mon jardin.

Les plantes et les fleurs peuvent apporter de la forme et de la hauteur, remplir un coin vide ou embellir une table, et même donner le ton de la saison. Un poinsettia peut signifier

CI-CONTRE : Dans cette entrée, les gros glaïeuls à la teinte cramoisie éclatante s'harmonisent bien avec les touches de rouge. Ces fleurs à longue tige voyantes vont bien dans un grand vase et se gardent une semaine environ, c'est donc un bon investissement.

CI-DESSUS : Sous cette photographie ancienne d'un marin, des récipients contenant chacun une fleur redonnent vie à l'austère portrait en noir et blanc. On peut facilement reproduire cet effet avec un assortiment de petits vases en verre et quelques fleurs du jardin si vous en avez un.

DESSUS À GAUCHE : Sur un arrière-plan sombre, de fragiles coquelicots aux tiges sinueuses semblent prendre vie.

DESSOUS À GAUCHE : Les fleurs pastel sont aussi faciles à vivre que les murs pastel. Ces hortensias rose bonbon sont jolis et féminins dans leur vase à la décoration dentelle.

DESSUS À DROITE : Accord parfait entre hortensias bleu-mauve et tulipes sur cette table en bois. Les deux se trouvent facilement chez le fleuriste ou même au supermarché.

DESSOUS À DROITE : Ces ravissants lupins avec leurs nuances de lilas variées ont presque un aspect patiné. Pour le vase, une simple bouteille en verre suffit.

C'est un peu cliché, mais parfois, moins c'est plus, comme l'illustre la magnifique composition qui orne ce manteau de cheminée. Cet arrangement empreint de calme, avec les deux vases contemporains, la porcelaine ancienne et le pichet aux trois grosses pivoines, a des allures de nature morte.

CI-CONTRE : Bravo, bravo et encore bravo ! Que d'ingéniosité dans le recyclage de ce vieux range-bouteilles en bois ! En fixant des éprouvettes ou de petits récipients étanches, on peut y mettre des rangs entiers de fleurs multicolores, vraies ou fausses, pour créer une déco à grand spectacle.

Voici une fête avec des fleurs pas comme les autres. Aux compositions énormes, préférez les touches multicolores qui font foisonner les nuances chatoyantes. Disposez-les dans des vases aux couleurs aussi éclatantes sur les marches d'un escalier blanc.

À GAUCHE : Une petite console dans une pièce bien éclairée est l'endroit idéal pour un petit jardin botanique rien qu'à vous. Ces plantes d'intérieur, assez robustes, conviennent bien aux débutants. Le thème botanique se prolonge sur le mur du fond avec la gravure représentant différentes variétés de melons.

CI-DESSOUS : Parmi les plantes verdoyantes, les livres et les gravures entomologiques, on se croirait dans une serre d'une autre époque.

CI-CONTRE : Un vieux chariot de boulanger ou de laboratoire sert à exposer un assortiment de fougères touffues, fleurs coupées et autres plantes d'intérieur. L'effet peut être reproduit avec un chariot plus petit (Ikea en propose un très bien) garni de plantes d'intérieur de votre choix. Placez-le dans un endroit très humide comme une salle de bains.

Noël, tandis qu'après l'arrivée des tulipes annonciatrice du printemps, les roses apparaissent au début de l'été. Quoi de mieux que ce cher bouquet de jonquilles pour déclarer haut et fort la fin de l'hiver et l'arrivée du soleil ? Les roses rouges sont synonymes d'amour, et les énormes gerbes envoyées pour les grandes occasions – anniversaires, naissances – colorent tous les foyers. Les fleurs ont aussi leur parfum à offrir : pensez à l'enivrante fragrance de la tubéreuse ou à l'odeur délicate du muguet.

Mettre des fleurs de la même couleur que votre décoration ou vos textiles intérieurs produit un effet visuel agréable. Dans cette chambre, un gros bouquet de delphiniums mauve rosé trône fièrement sur une table de chevet.

CI-DESSUS : Simple mais tellement efficace. Les hortensias sont l'une de mes fleurs préférées parce qu'elles vont partout et que leurs couleurs sont uniques. Cette variété de roses 'Cuisse de nymphe émue' fait écho aux teintes de l'œuvre qui se trouve derrière elle.

DESSUS À DROITE : La période des glaïeuls donne l'impression de n'avoir pas plus tôt commencé qu'elle prend déjà fin, mais quand on en trouve, on en a pour son argent. C'est en solitaire dans une simple bouteille de verre que cette beauté pleine de grâce et d'exotisme donne le meilleur d'elle-même.

À DROITE : Dans cet autre exemple de fleurs coupées qui reprennent la palette d'un intérieur, la jolie composition libre et rustique a des allures de glace à la framboise avec son rose pâle parsemé de mauve foncé.

Un assortiment de fleurs coupées, succulentes, et autres plantes d'intérieur dans des pots sobres et robustes forme un élément décoratif vivant, coloré et attrayant. Les fanions au thème botanique accrochés au mur du fond créent un détail supplémentaire.

65

Généralement, j'achète des fleurs de couleur bien particulière sachant qu'elles iront avec certaines pièces de la maison. Mais parfois, j'ai envie de changer et je choisis une teinte qui contraste pour produire un effet. Les grosses fleurs d'hortensias donnent du volume et se trouvent dans de nombreuses couleurs. Sèches, elles restent très belles, et se gardent longtemps. Comme j'aime les fleurs qui se remarquent, je choisis souvent les plus grosses ou celles à tige longue pour des éléments décoratifs en hauteur, par exemple des branches couvertes de baies à Noël.

CI-CONTRE : **Dans un décor neutre, les plantes d'intérieur apportent une touche de vert et insufflent vie et énergie. Appartement de dépannage, chambre d'étudiant ou location, le plus petit et le plus modeste des logements deviennent un chez-soi dès lors qu'on y a mis quelques plantes.**

CI-DESSUS : **Un appui de fenêtre ensoleillé est l'endroit parfait pour accueillir des plantes d'intérieur car il recrée les conditions d'une serre. N'oubliez pas de vaporiser et d'arroser régulièrement vos végétaux qui se trouvent près d'un radiateur – les plantes moribondes ne sont pas très décoratives.**

DESSUS À DROITE : **Ce qui me plaît ici, c'est l'ingéniosité dont le propriétaire a fait preuve en utilisant des caisses vides et un petit tabouret pour ranger et exposer ses bibelots. Une idée géniale pour ceux dont la place et les moyens sont limités.**

À GAUCHE : **Ici, toute l'attention se porte sur les plantes somptueuses et verdoyantes. Reprenant leurs teintes, le mur et le placard peints en vert sont mis en valeur par la touche orange qu'apportent les chaises. Un avertissement : si vous voulez reproduire cet effet, assurez-vous que les pots suspendus sont accessibles pour pouvoir arroser les plantes.**

CI-CONTRE : **Le même intérieur sous un autre angle. Le canapé profond et généreux et la gigantesque ottomane témoignent du souci de cohérence dans la palette vert feuille. L'ensemble donne l'impression de vivre dans une serre, où la frontière entre extérieur et intérieur se brouille.**

La tendance récente des plantes et de la biophilie, autrement dit d'une vie connectée à la nature, est vraiment enthousiasmante. Les plantes d'intérieur ne sont pas juste tendance, elles introduisent des nuances de vert, la plus fantastique des couleurs naturelles, synonyme de sérénité et d'harmonie, dans votre lieu de vie. Qui plus est, une étude de la NASA a démontré que certaines plantes vertes sont des dépolluants efficaces. Par ailleurs, s'occuper de ses plantes peut réduire le stress. En définitive, vivre entouré(e) de plantes n'a que des avantages. Alors, prenez-en de la graine, et ouvrez votre maison aux couleurs vivantes – elles embellissent franchement la vie.

À DROITE : L'amaryllis « minerva » est une fleur magnifique que l'on voit souvent pendant la période de Noël. Ses fleurs au rouge piquant avec leur tache blanche sont irrésistibles dans de simples récipients en verre.

CI-DESSOUS : Simple mais efficace, ce vase étroit de couleur rouge contenant trois anémones, avec un rideau blanc à pois rouges pour équilibrer l'effet.

CI-DESSUS : On a utilisé ces trois petits vases pour présenter des fleurs exotiques orange et rouges. J'adore ces mélanges très colorés et la hauteur de cette composition est parfaite pour décorer une table.

Le rouge est *la* couleur. Ici, un vase rond rutilant a été choisi pour un bouquet de roses rouges éclatantes. Ainsi penchées, celles-ci mettent une touche de théâtralité. Un coussin rouge et le mince livre rouge sur la table basse équilibrent l'ensemble.

SOURCES

PEINTURES

Annie Sloan
anniesloan.com
Des peintures pour meubles simples d'utilisation pouvant être appliquées sur pratiquement n'importe quel support.

Farrow & Ball
farrowandball.com
Vieille marque toujours de référence pour beaucoup d'entre nous, gage de qualité et ne cessant de proposer de nouvelles couleurs pleines d'inspiration. En 2010, elle a décidé de remplacer toute sa gamme par des peintures à base d'eau à faible teneur en COV (composés organiques volatils).

Little Greene
littlegreene.com
Large gamme comprenant des peintures traditionnelles et modernes, dont une palette Colours of England aux références historiques.

Mylands
mylands.com
L'une des plus vieilles entreprises familiales de fabrication de peintures dont la création date de 1884. Inscrite dans une démarche écoresponsable, elle propose une large gamme de belles couleurs.

FLEURS ET PLANTES

La plupart des grandes villes ont un marché de gros. Il y a aussi les sélections des fleuristes locaux, et si vous vous y aventurez, l'offre de plantes d'intérieur d'Ikea propose un bon rapport qualité-prix.

Columbia Road Flower Market
columbiaroad.info
Large choix de fleurs et plantes de saison pour égayer et décorer votre maison.

New Covent Garden Market
newcoventgardenflowermarket.com
Lieu incontournable si vous voulez acheter des fleurs et des plantes en gros.

Scarlet & Violet
scarletandviolet.com
L'un de mes fleuristes préférés, où l'accent est mis sur la couleur et le parfum. J'adore l'esthétique libre, simple, presque rustique.

Wild at Heart
wildatheart.com
Nikki Tibbles est l'une des fleuristes les plus visionnaires de Londres.

TEXTILES

Bluebellgray
bluebellgray.com
Studio de design écossais commercialisant ce qui se fait de plus éclatant, gai et coloré en coussins, linges de lit et rideaux.

Caravane
caravane.co.uk
Entreprise française proposant tout un éventail de coussins, jetés et autres accessoires somptueux aux couleurs et motifs intéressants.

Design Centre Chelsea Harbour
dcch.co.uk
Plus de 120 salles d'expositions avec 600 marques au prestige mondial.

Designers Guild
designersguild.com
Tissus, coussins et papiers peints bourrés d'inspiration où la couleur est employée avec une grande expressivité.

Etsy
etsy.com
Abordable et unique, proposant un large choix de tout, y compris de tissus vintage*. J'aime beaucoup les tissus africains wax.*

Society Limonta
societylimonta.com
Linge de maison pur lin de qualité supérieure dans un large choix de coloris.

Soho Home
sohohome.com
Ligne d'articles de qualité supérieure pour la maison inspirée par les hôtels Soho House et comprenant de ravissants coussins en velours.

ARTICLES POUR LA MAISON

Anthropologie
anthropologie.com
Très belle sélection d'articles pour la maison comportant coussins, meubles et autres accessoires.

Design Vintage
designvintage.co.uk
Lifestyle *scandinave. Accessoires tendance pour la maison, dont créations, ameublement et tapis.*

H&M home
hm.com
Grand choix de modèles à tout petit prix, parfait pour refaire son intérieur ou mettre une touche de couleur. Belle gamme de linges de lit à prix abordables.

Home Barn
homebarnshop.co.uk
Du vintage *et des antiquités à ne plus savoir qu'en faire, ainsi que des accessoires insolites.*

Ikea
ikea.com
Meubles et accessoires à prix abordables – trouvez des articles ordinaires à repeindre pour mettre une touche de couleur chez vous.

A New Tribe
anewtribe.co.uk
Boutique indépendante regorgeant de beaux objets, avec une vaste sélection de tapis du Maroc et contemporains.

Petersham Nurseries
petershamnurseries.com
Dans ce lieu dédié à la beauté vous trouverez un large choix de cadeaux, accessoires, plantes et pots.

CRÉATIONS

Affordable Art Fair
affordableartfair.com
Large choix d'œuvres d'artistes indépendants à prix intéressants. Une bonne adresse pour voir des styles différents.

Artfinder
artfinder.com
Site de vente en ligne offrant un choix immense d'œuvres du monde entier à des prix intéressants.

BetterShared
bettershared.co
Art contemporain africain débordant de vitalité.

King & McGaw
kingandmcgaw.com
Des œuvres pleines d'inspiration pour votre intérieur, des tirages rares et autres séries limitées à la photographie noir et blanc.

Paper Collective
papercollective.com
Tirages d'art graphique produits au Danemark à partir de matériaux certifiés FSC (Forest Stewardship Council) et durables.

TAPISSERIE

Cole & Son
cole-and-son.com
Tapisseries de luxe imprimées à la main, du modèle ancien raffiné à la création moderne insolite.

Matthew Williamson
matthewwilliamson.com
Un arc-en-ciel de couleurs pour les tapisseries et tissus de ce créateur de mode britannique.

Wallpaper Direct
wallpaperdirect.com
Tout le nécessaire pour la tapisserie, pour un mur d'accent qui en jette.

CRÉDITS PHOTOGRAPHIQUES

1 Debi Treloar ; 2 Jan Baldwin ; 3 Rachel Whiting ; 4-5 Beth Evans ; 6 haut/gauche, haut/droite et bas/gauche Catherine Gratwicke ; 6 bas/droite Jan Baldwin ; 8 Katya de Grunwald ; 9 Polly Wreford ; 10-11 Polly Wreford ; 12 Katya de Grunwald ; 13 Maíra Acayaba ; 14 Polly Wreford ; 13 haut/gauche et haut/droite Catherine Gratwicke ; 13 bas/gauche Rachel Whiting ; 13 bas/droite Polly Wreford ; 16 haut/gauche Polly Wreford ; 16 haut/droite Rachel Whiting ; 16 bas Katya de Grunwald ; 17 Polly Wreford ; 18-19 Maíra Acayaba ; 20 haut Jan Baldwin ; 20 bas Polly Wreford ; 21 Polly Wreford ; 22 Susie Lowe ; 23 both Rachel Whiting ; 24 et 25 Polly Wreford ; 26 haut Catherine Gratwicke ; 26 bas/gauche Debi Treloar ; 26 bas/droite Polly Wreford ; 27 Katya de Grunwald ; 28, 29, 30, 31 et 32 tout Catherine Gratwicke ; 33 haut Debi Treloar ; 33 bas/gauche Catherine Gratwicke ; 33 bas/droite Polly Wreford ; 34 haut/gauche Polly Wreford ; 34 haut/droite Catherine Gratwicke ; 34 bas/gauche et 35 Debi Treloar ; 36 Catherine Gratwicke ; 37 haut neon light from bagetbones.co.uk ; 37 bas Beth Evans ; 38 Jan Baldwin ; 39 haut/gauche Polly Wreford ; 39 haut/droite Catherine Gratwicke ; 40 et 41 Catherine Gratwicke ; 42 Susie Lowe ; 43 haut/gauche et bas Catherine Gratwicke ; 43 haut/droite Susie Lowe ; 44-45 Simon Brown ; 46 Catherine Gratwicke ; 47 Debi Treloar ; 48 et 49 Catherine Gratwicke ; 50-51 Beth Evans ; 52-53 Catherine Gratwicke ; 54 gauche Claire Richardson ; 54 droite Catherine Gratwicke ; 55 Catherine Gratwicke ; 56 et 57 Beth Evans ; 58-59 Debi Treloar ; 60 Catherine Gratwicke ; 61 Debi Treloar ; 62, 63, 64 et 65 Beth Evans ; 66 Catherine Gratwicke ; 67 haut/gauche Polly Wreford ; 67 haut/droite Lisa Cohen ; 67 bas Jan Baldwin ; 68 et 69 Debi Treloar ; 70 Dan Duchars ; 71 Debi Treloar ; 72, 73, 74 et 75 Beth Evans ; 76-77 Maíra Acayaba ; 78 Rachel Whiting ; 79 Catherine Gratwicke ; 80 Chris Everard ; 81 haut/gauche, haut/droite et bas/droite Debi Treloar ; 81 bas/gauche Christopher Drake ; 82 Debi Treloar ; 83 Rachel Whiting ; 84 gauche Chris Everard ; 84 droite Catherine Gratwicke ; 85 gauche Beth Evans ; 85 droite Catherine Gratwicke ; 86 haut/gauche Debi Treloar ; 86 haut/droite Simon Brown ; 86 bas/gauche Catherine Gratwicke ; 87 Debi Treloar ; 88 Rachel Whiting ; 89 Debi Treloar ; 90 Jan Baldwin ; 91 Katya de Grunwald ; 92 Polly Wreford ; 93 haut/gauche Ray Main ; 94 haut/droite Rachel Whiting ; 94 bas/gauche Polly Wreford ; 94 bas/droite Amy Neunsinger ; 94 et 95 Beth Evans ; 96 Rachel Whiting ; 97 Catherine Gratwicke ; 98 et 99 Chris Everard ; 100-101 Jan Baldwin ; 102 Polly Wreford ; 103 et 104-105 Jan Baldwin ; 106 Debi Treloar ; 107 Rachel Whiting ; 108 Simon Brown ; 109 haut/gauche et droite Simon Brown ; 109 bas/gauche Debi Treloar ; 109 bas/droite Catherine Gratwicke ; 110 Emma Mitchell ; 111 Debi Treloar ; 112 Simon Brown ; 113 haut Maíra Acayaba ; 113 bas Rachel Whiting ; 114 et 115 Debi Treloar ; 116 et 117 Catherine Gratwicke ; 118 gauche Rachel Whiting ; 119 droite Simon Brown ; 120 gauche Debi Treloar ; 120 droite Emma Mitchell ; 120 haut Maíra Acayaba ; 120 bas Claire Richardson ; 121 Rachel Whiting ; 122-123 Debi Treloar ; 124 Debi Treloar ; 125 Susie Lowe ; 126 Emma Mitchell ; 127 haut/gauche Chris Everard ; 127 bas/gauche from shed style ; 127 bas/droite Rachel Whiting ; 126-127 Rachel Whiting ; 130 Catherine Gratwicke ; 131 Rachel Whiting ; 132 haut/gauche Polly Wreford ; 132 haut/gauche et bas/droite Debi Treloar ; 132 bas/droite Catherine Gratwicke ; 133, 134 et 135 tout Debi Treloar ; 136-137 Rachel Whiting ; 138 et 139 Catherine Gratwicke ; 140 gauche Katya de Grunwald ; 140 droite Debi Treloar ; 141 gauche Debi Treloar ; 141 droite Maíra Acayaba ; 142 Jan Baldwin ; 143 haut Debi Treloar ; 143 bas Rachel Whiting ; 144 gauche Catherine Gratwicke ; 144 haut/droite Lisa Cohen ; 144 bas/droite et 145 Catherine Gratwicke ; 146 Rachel Whiting ; 147 Polly Wreford ; 148 Katya de Grunwald ; 149 haut/droite Debi Treloar ; 149 bas/gauche Simon Brown ; 149 James Merrell ; 150-151, 152 Catherine Gratwicke ; 153 Paul Massey ; 154 haut/gauche Debi Treloar ; 154 haut/droite Etrew Wood ; 154 bas/gauche et droite Debi Treloar ; 155 Simon Brown ; 156 Jan Baldwin ; 157 Catherine Gratwicke ; 158 et 159 Rachel Whiting ; 160 Catherine Gratwicke ; 161 haut/gauche Tom Leighton ; haut/droite Rachel Whiting ; 161 bas/droite Emma Mitchell ; 162-163, 164 et 165 Rachel Whiting ; 166 et 167 Catherine Gratwicke ; 168 haut Emma Mitchell, bas/gauche Simon Brown, bas/droite Catherine Gratwicke ; 169 Catherine Gratwicke ; 171 Rachel Whiting ; 173 Polly Wreford ; 174 Catherine Gratwicke ; 176 Jan Baldwin ; Couverture et 4e de couverture (en bas à droite) © Debi Treloar ; 4e de couverture (en bas au milieu) © Simon Brown ; 4e de couverture (en bas à gauche) © Susie Lowe.

A
E

INDEX

Les numéros de page en italique renvoient aux illustrations.

REMERCIEMENTS

Merci à Cindy Richards, directrice éditoriale chez CICO Books, de m'avoir confié l'écriture de ce livre. Merci aussi à Annabel Morgan pour ses encouragements pleins de gentillesse et son aide à la rédaction, ainsi qu'à Toni Kay, qui comme toujours a fait un travail merveilleux sur la conception.

Merci à tous les auteurs, photographes, stylistes et propriétaires d'avoir fourni un contenu d'une telle qualité, issu d'une gigantesque banque d'images fabuleuses pour illustrer ce livre.

Et pour finir, comme toujours, merci à ma fille Rosie pour son soutien et son aide indéfectibles.